저 꽃잎

서문

  우리가 사는 곳은 작은 나무도 꽃을, 키 큰나무도 꽃을 피운다. 마른 대나무 가시덤불도 꽃이 아름답게 피어난다. 생김새 상관없이 사는 방식은 다르나 추구하는 것은 비슷하다. 이루려는 목표가 다를 뿐, 그대 가슴은 무엇을 담고 있을까?

  망설이지 말고 솔직한 마음을 꺼내 보자. 좋은 계절도 지나면 그만인 것을 시간을 죽이지 말자. 멀리 보지 말고 가까이 보자. 책상머리 검은 머리카락 향수 뿌려 부드럽고 향기롭게 놓아두자.

  유리창 너머로 비친 달빛이 그대를 보고 있다. 그대는 외롭지 않다. 내일이면 또 찾아와 그대 얼굴을 기억하리라. 당신의 숨소리에 창은 흔들리고 가까이 있는 바람이 속삭여 줄 것이다. 그래서 외롭지 않다.

  꽃은 그대를 외면하지 않는다. 여기에 핀 꽃이 그대 향해 미소를 보낸다. 나도 등 없는 꽃이 되어 그대에게 돌아 않는다. 명사형보다 동사형으로 살아보세
그대도 꽃으로 변하여 어울려 보세. 같이 군락을 이뤄 함께 살아가세 친구여! 그러기 위해 여기 이렇게 살고 있다는 시를 써 가네. 내 친구여!!!

  기둥이신 아버님 소리 없이 응원해주는 아내, 가족 그리고 출판에 힘써주신 노트북 가족 해설을 써주신 윤기영 시인님께 진심으로 감사드립니다.

                          2022년 6월 어느 날_전문구

목 차

1부. 낮잠 자는 아이들

008...낮잠 자는 아이들
009...봄이 무서운 건
010...황금
011...부모의 마음
012...움츠리기는
013...돌아눕는 법
014...하늘을 걷는다
015...채워지더라
016...인간의 탈피
017...세월이 날을 세운다
018...꽃
019...흑과 백
020...이상한 동네
21...잘하지
022...저 꽃잎
023...적응
024...갈등
025...긴장만 한 바보
026...진달래
027...급한 성격
028...꽃대
029...참 좋은 세상
030...나는
031...봄의 투덜
032...내려놓습니다
033...아내의 엄마 사랑

2부. 안개 호수

036...안개 호수
038...연꽃
039...쥐구멍
040...정신 온전한 사람 하루
042...편지
044...꼬맹이의 힘
045...무서운 처음 손님
046...부모님
047...믿음
048...공연하는 도로
049...굽어진 팔
050...산은
051...집수리
052...인생은
053...소원

3부. 가을은

056...가을은
057...달
058...바람 1
060...새벽 나무
062...별
064...몸 추위
066...세월
068...홍어
070...세월은
072...사과나무 한의원
073...뒤바뀐 세상
074...어색한 귀향
075...담배
076...나물 다듬는 동생
077...은비령
078...슬픈 윙크
080...갈대야
082...노벨상
083...부부 싸움
084...속 찬 김 씨
085...동업
086...답습
087...말씨
088...내시경
089...쫀쫀한 인간

4부. 겨울나무

092...겨울나무
094...심부름
096...홀로라는
098...삶
100...눈
101...눈 내리는 날
102...인생
103...궁합
104...추위
106...안개
108...얼음
110...풍경
112...정원수(庭園樹)
114...느낌 대로 보자
116...의자
117...시 없이 살았다
118...누름돌
119...아버지의 기도
121...시적 감성을 직시하는 연금술사
　　　해설_시인 윤기영

1부. 낮잠 자는 아이들

별 길 밝혀주려는 달
밤새 눈 한번 껌뻑임 없다
고마움에 반짝이는 별
달의 걱정은 작아지며
서서히 눈썹달로 뜬다

『낮잠 자는 아이들』 중

낮잠 자는 아이들

뜬눈으로 밤새는 아이
별똥별 떨림에 깊은 시름
반짝이는 아이들 소리에
둥글게 눈뜨다 밤을 새운다

별 길 밝혀주려는 달
밤새 눈 한번 껌뻑임 없다
고마움에 반짝이는 별
달의 걱정은 작아지며
서서히 눈썹달로 뜬다

밝아오는 해에
아이별과 눈썹달은
밤새 뜬 눈에 꺼풀을 덮는다

하얀 밤을 지새우고
낮잠 자는 아이들
꿈꾸는 아이들 잠꼬대
천둥이 친다
그리고 오줌싸게 비를 내린다

봄이 무서운 건

차가운 얼음 속
잉태하는 봄은
시기 바람에 녹아든다
벌어진 문틈
검은 눈동자 초록 물감 들고

기지개 켜는 땅
틈 사이로 돌 문을 여는 아가 손
안아주는 대지의 가슴
새벽마다 젖이 흐르고
햇볕 해바라기에 빈 젖을 물고
하늘을 향해 걷는다

봄이 무서워하는 건
무표정 얼굴에
주름 새긴 호미든 얼굴

그래도 봄은 미소를 달고
밭둑 사이로 대기한다

전문구

황금

황금 사자의 정원
황금으로 만든 욕조
먹지 못하는 황금 그릇
담지 못하는 황금 음식
황금 안경을 쓰고
황금 냄새를 맡는다

황금에 눈이 멀어
금고에 황금을 밀어 넣고
벌벌 떠는 황금 대가리

모두가 도둑으로 보이고
바람이 도둑질할까
숨도 못 쉬는 찌질이

만남이 싫어
황금 들판으로 달려가
싹쓸이하는 환자
마음에 황금만 듬뿍 담겨
사람을 보지 못하는 그믐달

황금은 쌓는 것이 아니라
베풀어 주는 것
내 안에 황금을 덜어내는
그대가 황금 같은 친구라

부모의 마음

집에서

먹다 떨어뜨린 음식
툭툭 털어먹습니다
아이가 먹다 떨어뜨린 음식
깨끗이 씻어 먹이거나
버립니다

부모의 마음은 그렇습니다

음식점에서

먹다 떨어뜨리고 주인을 쳐다봅니다
어쩌라는 건가요
부모의 마음은 거기까지

전문구

움츠리기는

감춘 자라목
긴장이 섞인 움츠린 어깨
저장된 축전지 방전
펴지도 못하는 오므린 다리
도움 닫는 팔
건너뛰지도 못하면서 움츠리기는

그렇게 움츠려도
건너뛰지 못하는 봄

개구리는 눈 감고
준비운동 없이
겨울을 건너뛴다

동동거리지 말고
따뜻한 군불 때고 뒹굴뒹굴

돌아눕는 법

잘생긴 아침을 맞기 위해
자동차 돌아서 재운다
눈감고 밤새도록 벽만 바라보다
동공이 숨어 보이지 않을까 봐

낙엽도 등이 박혀 돌아눕는다
젖은 낙엽 돌아눕지 못해
엎어져 잔다

석 쇄에 누운 고등어 등이 뜨겁다
돌아눕는 법을 잊어버렸다
냄새가 탄다

마구간 소 돌아눕는다
마른자리 찾아 눕는다

주인 따라온 애마의 눈이 감긴다
배가 고픈 리모컨
가득한 양식을 넣어줘도 무감각
애마의 감긴 눈을 뜨지 못한다

다시 돌아눕는다
리모컨이 윙크한다
돌아눕는 법을 잊었었다

전문구

하늘을 걷는다

나무는
다리가 없어도
눈이 없어도
걷는 데 걸림돌이 없다

사람은 걷지 못한다
다리가 있어도
눈이 있어도 걷지 못한다

나무는 조금씩 조금씩
하늘을 걸어 올라가고 있다
하늘을 산책하고 손을 흔들며
책갈피 전해 준다

하늘을 걷다 힘들면
CO_2 * 마시고 피톤치드 선물
따라갈 수 없는 베푸는 마음

그대를 우러러볼 수밖에

*이산화 탄소

채워지더라

너는 평생 아름다운 꽃인 줄 알았더니
주름이 피더라
내 인생도 아름다운 청춘인 줄 알았더니
주름이 피더라

오래된 고목도 늘 푸른 줄 알았더니
속을 비우더라
오래된 인생에 속을 비우니
꽃이 피더라
비우고 비웠더니
다시 꽉 채워지더라

전문구

인간의 탈피

번데기가 웅크린다
엄마 가슴에서
세상으로 나와 처음 탈피하고
엄마 젖을 빨고
눈으로 교감하고
말을 배워가며
귀여운 다섯 살에 탈피
어울리는 아이들
세상을 알아가 경쟁하며
맛에 반하고
사춘기에 고개 들어
전문지식을 탐구하는 완전체

껍질 벗겨진 등
갈등하는 것은
스무 살이면 완전 탈피를 한다는 것

훨훨 날그라

세월이 날을 세운다

날 없는 둥근 세월
무딘 마음 따라 변해가고
변신하는 색에 반해 미쳐간다

밀치고 떨어지고
두드리고 상처 난 인생이
서서히 날이 선다
포근하던 세월이
허리를 누르고
하늘을 날던 날개를 추락시킨다

무딘 세월이 날을 세운다
흔적 없는 세월에 날이 섰다
날이 선 세월에 베이고
심장을 향해 숨어
가쁜 숨 들이쉰다

베인 상처에 박힌 날
무뎌진 인생으로 치료한다

전문구

꽃

피다 만 꽃은 없습니다
아름답게 피려 참고 있을 뿐
숨어 피는 꽃도 없습니다
그대의 꽃이 되려 숨어있을 뿐
흘러가는 꽃은 없습니다
구름이 흘러갈 뿐

그대 눈에 비친 꽃은
그대 마음에 비치는 거울입니다

흑과 백

더하기와 빼기
아군과 적군
하얀 고무신 검정 고무신
극과 극이 만난 것 같다

하지만 흑과 백은 가장 친한 친구
하얀 종이에 검은 잉크가 어울리고
흰 구름 아래 먹장구름이 틈을 비비고
하얀 갈매기는 육지를 그리고
검은 까마귀는 바다를 그리며 산다

검은 마음을 가진 종족은 시비를 걸고
하얀 마음을 가진 천사가 베풀어
물들지 않는 것이 진실

흑백 논리는 가능해도
섞일 수 없는 운명
양보에 따라 색이 변한다
봄과 가을
여름 겨울

전문구

이상한 동네

돈 많이 들고 가는 차
금으로 단 뱃지
시끄러워 들리지도 않는
좀 이상한 동네를 지나간다
두리번두리번

특이한 사람이 많은 말
조용히 듣고만 있다
사과 상자를 놓고 간다

또 특이한 사람이
말하라고 다그친다
조용히 듣고만 있다
양손에 뱃지보다 큰 것을 채운다

난 아무 말도 안 했는데
그렇게 아무 말 없는 벽 속
조용히 밥만 축내고 있다

참 이상한 동내에 살고 있다

잘하지

거울 속에 비친 임은
돌아서면 남이 되고

물비늘에 잠긴 임은
새벽이면 돌아오건만
돌아누운 임의 마음은
언제 돌아오려나

마음 떠난 임은
눈물도 아니 떨구더라
봄볕에 누운 인절미 눈 따라
먼 산 만 바라보는 것은
조강지처 흔적 찾으려

있을 때 잘하지

전문구

저 꽃잎

목화 속에
싹틔운 여인

두 볼 다듬는
저 꽃은

어디서
피려 하는 걸까

아이들
웃음소리에

뚝뚝 떨어지는
저 꽃잎

적응

즐거운가 보다
새들이 모여 노래를 하네
작은 새부터 큰 새까지
반복되는 들림 노래를 하네

단순한 노랫소리가 아쉬워
음정이 정확한 노래
모두가 아는 노래를
지그시 눈을 감고
목소리 크게 불러 주었네

눈을 뜨고 바라보니
모두 사라졌네
무식해서 못 알아듣나 보다

돌아보니 휑하니
홀로 서 있네

무식한 건 나였다네
수준을 맞추지 못하는
수준 낮은 나였다네

전문구

갈등

눈 뜨면 책상과 친구
맛있는 글이 빠져나간다
입력된 칩에 버그가 방문
일시적인 오류에 겉도는 글
글을 밀어 떨어뜨린다

안정되지 않은 배고픔과 노동
반복되는 일상에 희망을 찾아
기웃거리며 책상을 닦는다

이윤보다 참된 삶이 목적
꿈꾸는 삶에 파고드는 갈등
밀어내는 책상과 배고픔

몸뚱이가 아는 힘의 노동
숫자 놀음에 채워지는 통장
이집 저집 기웃거리다 남는 것은
외면하는 무서운 얼굴들

보이지 않는 억압에 눌린 마음
갈등 없는 세월이 지나간다
모두의 마음에 갈등하는 인생
걸어온 자국에 흙먼지만 쌓여
알아볼 수 없는 흔적들

긴장만 한 바보

서울역 광장
둥글게 모여 빠져버린 눈
배우도 아닌 연기를 하고 있다
눈을 모아놓은 꼭두각시

검은 승용차 엉덩이로 끼어든다
열린 문 저고리에 손님이 든다
이동하는 손에 들린 지갑
눈치코치로 전달하나
보이지 않는 커튼이 막고 있다
집 나간 눈은 들어올 줄 모른다

한숨 나오는 긴장
말 한마디면 되는데
그걸 생략한다

전문구

진달래

노을이 연분홍 감추려
살며시 젖어 드는 저녁
입 떼지 못한 봄이 부끄러워
분홍 꼭지 마른 가슴에
봉우리를 내민다

정혼 못 한 봄 아씨
분홍 마을 내려와 입술을 섞고
봄 살이 연분홍을 감싸
실안개 산허리를 두르면
족두리 쓴 연지 곤지
댓돌 밑을 더듬는다

연분홍 새색시 살랑이며
아지랑이 샛길 따라 넘고
연분홍 가마에 향기 풀어
노을에 숨어든 꽃잎 아씨
참꽃술 합한 주 한잔으로
수줍은 총각 딱지 떼어주리

마을에 진달래 피어나
연분홍 사랑 이루고
화려한 봄으로 살아가리니

급한 성격

달달 떠는 마음이
계절을 당겨본다
마중하지 않아도
달려오는 세월이건만

초조한 마음은
시계의 크기 따라
시침 초침 분침 되어
뛰어가는 심장

가는 계절에 아쉬움은
순간에 지나가고
즐기지 못한 인생
후회하며 감기는 눈

전문구

꽃대

화사함 뒤에 숨어
슬픔을 흘리는 기둥이여
꽃술 합한 주에
가늘게 떨리는 손

꽃이 자태를 뽐내며
날갯짓 생명을 부르고
팡팡 그림에 부릅뜬 눈도
어울려 있는 색을
탐하지 못하는구나

뜨거운 사랑 들어오면
아름다운 꽃도
쓰러져 울지만
기둥 속 숨었다
다시 태어나려는 잉태

황홀한 내일을 위해
꽃대는 숨어서 긴장한다

참 좋은 세상

아 참 좋은 세상
인간으로 태어난 생이
이롭게 하는 세상으로
첫 번째의 세상과
돌아보는 인연을

리드해 가면서 산다면
호젓한 삶을 살 것이다
의미 있는 세상의 빛이 되고
탄탄한 미래를 위해
생을 가꾸어 가는 인생
을이 되는 인생도 경험하고

축복받은 가운데 서기도 하고
복된 하늘에 부끄럼 없는 삶
한민족의 긍지를 가지고
다 함께 행복한 삶이 될 것이다

전문구

나는

눌린 가슴에도 편안한 잠
등에 눌린 자국만 없으면 행복
인절미의 귀는 아니지만
발걸음 소리만 들어도
알 수 있는 훈풍

밤새 눌렸던 가슴이 터지고
분산된 힘에 균형
사르륵 소리에 가빠지는 숨

때로는 힘에 겨워
비틀거리기도 하지만
말끔한 정장 차림으로
화장하고 심호흡

행동하는 양심으로
주인을 믿고
비틀린 삶이 다가와도
오직 주인만 섬기는
외로운 방랑자

그대의 더듬이를 사랑하는
나는 네발 달린 애마

봄의 투덜

가슴을 녹이는 소리
살포시 날리는 속삭임
바람과 꽃잎의 사랑
너울너울 치근거린다

녹지 않는 꽃잎에
눈 같다 이야기한다
투덜투덜

난 눈보다
오래 살고
향기가 나고
아름답다

높은 곳이 무서워
상처 내지 않는 무게
애무하는 바람에
못 이기는 척 끌림

난 아름다운 꽃잎
눈처럼이란 입술에
봄이 투덜거린다

전문구

내려놓습니다

구름은 몸이 무거워
비를 내려놓습니다

나무도 잎이 무거워
낙엽을 내려놓을까요
더 아름답게 피려고
내려놓습니다

인생도 삶이 무거워
몸을 내려놓습니다
늘어진 어깨가 무거워
허리가 굽어 갑니다
자식이란 짐이 무거워
내려놓습니다

그렇지만 내려놓은 꽃이
아름답게 피어나면
돌아눕습니다
그래도 후회는 없습니다
나보다 더 아름답게 피어나니까요

아내의 엄마 사랑

입맛 없다 건너뛴 쌀
아침상에 봉긋한 주발
수저가 바쁘게 왕래한다
손도 스치지 않던 남의 살
잔디와 함께 걷고 있다

엄마 보러 가는 날
흥분한 황소 여물에 콧소리
몸 흔들림 곡선이 마음을 숨아낸다

눈감고도 알 수 있는 감
까치밥이 외로워 보이는 건
늦가을 문주방* 넘기 서러움

엄마의 외로움
문주방 넘기 전 달래보려
춤추는 낙엽 속 끼어든다
꼭 잡고 놓지 않으려는
아내의 잠긴 손

*문지방의 사투리(강원, 경남)

전문구

2부. 안개 호수

새벽 날개 펴고 호숫가 달려가
차가운 안개 호수에 가둬두고
달 빠진 호수 붉은 눈 펼치고
오므라든 물안개 하늘로

『안개 호수』 중

안개 호수

하얀 솜 이고 오는 새벽
날개 접고 앉은 지붕
종다리 접은 날개 솜털 색

새벽 날개 펴고 호숫가 달려가
차가운 안개 호수에 가둬두고
달 빠진 호수 붉은 눈 펼치고
오므라든 물안개 하늘로

바람이 내려앉아 긴 프릴을 만들고
발정 난 고기 둥근 지구 선사한다
밤새 오므린 호수 할미새 눈 뜨고
기지개 켜는 안개 경계를 만든다

바람이 만든 울렁거림 마음도 내려앉고
털구름 호수에 가둬 놓고
기다란 미루나무 다리 놓아
건너편 자주색 진달래 초대

하늘 얼굴 두 개의 거울이 흔들린다
속마음 알기 위해 흔든다
가득히 담아놓은 파란 하늘은
밀어내는 구름 흰 벚꽃

물살 가르며 오르는 오리
미루나무 다리 출렁이고
석양 달 오기 전 살구꽃 채우려
별 속으로 길 떠난다

전문구

연꽃

감춰진 늪
늪을 가린 풀 무심천 따라 떠나고
거미손 땅에 뿌리 내려 밀어낸다
밀린 초엽 천수에 붙어
하늘을 가린다

가는 잎 밀려나
넓은 못 덮어 움막 터 잡고
생명수 마르지 않는 못
시원함 풀어내려 샤워기 달아놓고
만족을 모른다

수줍어 발그라니 올라와
스며든 가슴선 감추려니
드러난 곳 어여뻐 목 빼고 기다린다
너는 속옷 입지 않은 천상의 선녀

보는 이웃 작아지고
숨어든 영롱함에 얼굴 가리고
떨어진 꽃잎 타고
용궁 다녀오려 선녀 비 기다린다

쥐구멍

우두커니 앉아 있는 입
어두워지면 날름거리는 혀
팀 길어 마른 침
아마도 틀 이 잃어버린 듯
먹이를 소화 시키지 못하는 걸 보면

다물지 못하는 입
대문 없는 문간에 보초 선다
볕 들어올까 기다리는 눈치
쥐구멍에도 볕 들 날 있다는 걸 아는지

신호등 구분 못 해도
그믐달이 고마운 생원 나리
방울 달린 묘(猫)씨 덕에
잠이 깨끗이 달아나고
눈치 게임 귀동냥에 기지개 켠다

낮달에 슬퍼 울고
생원은 굽어진 계곡처럼
덧없는 세월에 가을 추수 기다리고
넘치는 부유함에 닥치는 위험수위
황토 대문 기다리는 건
배부를 때 조심하라는 것

전문구

정신 온전한 사람 하루

왜 뉴턴이 떨어진 거야
사과가 떨어져야지
그래서 머리를 다친 거지
아! 그래서 머리가 이상해진 거구나
뉴턴이 떨어지다 사과가 다쳐서
사과가 사과한 거야
아니면 뉴턴이 사과한 거야
중얼거리다 잠이 든다

한잔하고 코에 방울 만들며
술병 베고 잠이 든다
크고 작은 방울 사이
꿀꿀 돼지 소리 내고 눈 뜨고 자고 있다

사과 사세요
귓바퀴치고 들려온다
슬그머니 눈을 뜬다
자다가 사과 떨어지면 또 뉴턴이
나타나 사과 떨어진 이야기
온종일 할 것 같아
너무 지루해 사과 이야기
아니 뉴턴이 야기

그럼 사과로 뉴턴이 박사가 된 거야
나도 뉴턴 사러 아니 사과받으러 가야지
사과 떨어지기 기다리면 뉴턴이
만류 인력에 대해 온종일 놀아줄 거야

뉴턴은 잘못한 일 없어도 사과 잘하는데
잘못한 놈들은 사과를 먹고 있네
그렇게 온전한 하루가 천재를 검토하고 있다

전문구

편지

구김 없는 편지 한 장
우표 없이 손으로 전해진 편지
그대의 가슴을 녹였습니다

감성에 젖어 흘린 눈물 구름 되어
흠뻑 내리고 내린 비에
머리를 적시고 살갗으로 스며 혈관을 확장
투과한 편지 넓은 동맥을 관통하고
심장에 스며든 비 온몸을 감싼 고백 편지

인생이 편지 속으로 들어가
흐른 편지 반세기를 떠돌다 움츠리고
편지 주인공 허공에 떠돌다 물기를 머금어
비구름 되어 그대 발과 옷깃을 적시고 있다

끌림에 흘러드는 힘은 가냘픈 실오라기
한 겹 두 겹 감기는 몸에 두른 명주
띠앗 머리 나눈 정도 아닌 잊지 못하는 편지
외로움에 불쑥 찾아오는 아린 풋풋함

옛 생각 그리워 정거장 찾는다
마주친 눈빛이 그리워 찾은 정거장
깜빡이는 불빛에 심장이 외출한다
꺼낸 심장 화살로 만들어
환생하면 쫄깃한 심장으로 날아갈 텐데

잊어버린 편지 되새김하여
익어가는 과일에 향기를 품고
그대 나무 접(椄)하여 같은 향기로 섞어
아름답게 피려 또 떨어지고 있다

전문구

꼬맹이의 힘

꼬맹이 하나에
시장바닥이 꼭꼭 숨어버린다
아주 맑은 색으로 정갈하게 눈치 보고
누군가 꺼내주기를 바라며 시원스레 잠자고 있다
조용하여 참 예쁘기도 하지

꼴깎 열리고
맑고 하얀 집에 몸을 푼다
그리고 살며시 엉덩이 디밀고 애무한다
시장 골목을 누비며 다닌다
샅샅이 누빈 골목 끝에 방송실 찾아내고

드디어 시작되는 방송
듣는 사람 안중에 없고
마이크에 쇠고랑을 채운다

그 작은 꼬맹이 한 병에
시장 사람들 다 모아 놓았다
꼬맹이 힘이 세다
기절하듯 잠드는 걸 보면

무서운 처음 손님

딱 딱 딱
손님이 온 줄 알았다
열어줄 문이 없다

딱 딱 딱
문 없는 벽에 구멍이 뚫린다
처음 보는 햇빛에 눈이 부시다
그리고 몸뚱이 이사한다
딱따구리 입속으로….

[2021.10 19~2021.11.22.까지 소래포구 시화전 전시]

전문구

부모님

초침은 걱정이 많다
착각 착각 착각
부지런히 돌며 살핀다

분침은 초침을 걱정한다
자주 돌아옴에 안심한다

시침은 걱정이 많아 숨도 못 쉬고
서 있는 듯 도는 듯 초, 분침만 바라본다

부모의 마음은 초침이다
분침도 부모의 마음이다
시침도 부모의 마음이라
차~악~각
차~악~각
변하지 않지만, 살짝 느려진다
그러다 힘 떨어지면 사라진다

[2021.10.19~2021.11.22.까지 소래포구 시화전 전시]

믿음

날개가 없는 무서움
높이의 한계를 투명 줄로 잰다
높은 산도 안정적이 자세
수직의 벽도 믿음이 있는 뼈

가는 줄에 달린 생명
뒤집힌 세상을 믿고
레펠(Lapel)을 탄다
흔들림에 가는 다리는
허공을 맴돌고
바람에 도움닫기
영역을 입체로 그려가는 예술가
먹이가 되는 벌레는 진정한 예술인
무서움에 바뀐 세상은
고행의 흔적으로
삶이 된다

날개 없이 추락하는 거미
생명을 건 믿음이 있는 투명 줄

전문구

공연하는 도로

푸른 산허리
길게 걸린 오선지
음의 높낮이에
음표 따라 달려간다

높은음에 빨간 버스
긴 음에 가득 실린 트럭
낮은 음표로 달려가는 택시
여유로운 박자에 쉼표 나들이 개미
건너엔 도돌이표

돌림노래로 들려오는
중턱에 걸린 도로
빨간 날은 종일 공연을 하고
무표정한 관객은
긴 공연에 귀만 밀어댄다

음표 속 주인공
긴 공연에도 즐거운 아이돌
지휘자는 빈틈없는 박자로 공연한다

아름다운 추억을 위해

굽어진 팔

잎을 달고 업고 잡고
떨어트릴까 두려움에 떨며
가냘픈 팔 잡고 흔들리는 잎은
두려움에 파랗게 떨고 있다

울 엄마 손가락은
자식들 업고 들고 기르느라
휘어버린 손가락
부지깽이 닮아 그을린 손
호미에 감긴 굽어진 손가락
자식에 눌려 하얀 굳은살

나뭇잎 힘들면 노랗게 변하지만
울 엄마 손 힘들면 하얗게 터진다
잡아주는 팔이 휘더라고
변하지 않아야 하는 울 엄마 손

굽어진 팔이라도
파란 잎을 바라고 있다

전문구

산은

안개 그려진 화선지
하얀 분필로 선을 긋는다
바르지 않은 선의 굴곡
날개가 달린다
휘청 이는 날개 따라 그어진 곡선
펄럭이는 백로의 출근길
산이 오르락내리락

지워진 채 떠 있는 선은
귀갓길 잃을까 세워둔다

움직임 없는 산
귀갓길 기지개 켜려
숨죽이고 마중한다

산이 움직이려
새의 잠자리
지어놓고 기다린다

집수리

칠십 년 된 작은 고래 등
등이 헐고 갈라져 반창고투성이
갈라진 틈 메우려다
골반이 퇴화하여 수술한다
수술 자국이 남아 덧칠한다
개복한 김에 장기(臟器)도 바꾸고
하수구 청소한다

시작은 보슬비
마무리는 소낙비
소낙비에 쓸려간 새끼 고래
힘은 떨어지나 너무 예쁜 고래

간사한 마음에
통장은 누더기 되고
사치품에 눈이 멀고
누운 방은 같은 하루
편한 것은 집이 아니라
마음에 눈은 벌써 백 년일세

인간도 수리하고
마음에 등을 바꾼다면
백 년이 눈앞에 보인다네

전문구

인생은

인생은
향기는 사라지고
미래는 보이지 않지만
추억은 사라지지 않는다

소원

저 높은 산 소원은
단 한 번만이라도
하얀 눈보다
비를 보는 것
가는 보슬비라도 좋다

쌔~앵
고추바람 지나며 던진 말
너의 소원 이루어지면
지구의 종말이 온단다

그 말에
산은 꽁꽁 얼어 버렸다

전문구

3부. 가을은

고독해서 좋은 사람
실 꽤 엮어본들 양귀비 어림없고
폭삭 늙은 매 호박도 초경(初經)보다 미인이니
중구난방 살아볼까

『가을은』 중

가을은

가을 미녀 밀어내니
입술도 빨강이요
구름에 붙은 낙엽도 여행 중

고독해서 좋은 사람
실 꽤 엮어본들 양귀비 어림없고
폭삭 늙은 매 호박도 초경(初經)보다 미인이니
중구난방 살아볼까

연료 없는 흰 구름 추락 걱정 얼굴이 노래지고
걱정 많은 얼굴 희미하게 눌어간다
왕복 없는 인생에 작아지는 소심함

자유는 늘리고 억압은 지우고
낙엽으로 시를 지어 벌거숭이 가려주고
벌거벗은 마음 가을바람 담아둔다

비실비실 볼때기 석양이 비춰주면
붉은 단풍 무지개색 변신한다

가을이 예뻐지는 날
구겨진 마음 활짝 펴고
빨간 알코올 마시고 홍단풍과 흔들흔들
어디든 떠나 보자

달

삭(朔)*은 무에서 유 창조하니 하늘
깜깜한 양수에서 유영하며 엄마 사랑 느끼고
태어남에 하늘빛

눈썹 자라 초승달 되고
모나리자 미소에 눈썹 빼앗아
뒤집힌 눈썹 인간관계 멀리한다

상현달에 방년(芳年) 여인 가슴 되어
두근거린 사랑이 시작되어
달콤함 전해준다

달이 차면 보름달이 아쉬울까
보름달 완벽함이 아쉽다
상현달 하현달 기다리고
반쪽 찾아 나선다

하현달 흔들림 없애주고
바오바브나무 가지 끝에 걸려 숨바꼭질하잔다
꼭꼭 숨어버린 그믐달 술래는 포기하고
초하루에 바오바브나무 벌서고 있다

*朔 : (초하루) 삭

전문구

바람-1

다가오는 바람이 속삭인다
답 없는 물음을 기억
비가 내릴 거라는 속삭임
볼을 스치는 공기 속 천사
공기 사라지며 무념 속 들어간다

바람은 내려앉고
앉아 옆집 안부 묻는다
답은 없다, 다만 문지방 인사만 할 뿐
맞아주는 어른들 부채 속 트림
습기 없는 살결에 수분 바람

미세 먼지 잘라내도 인사 한마디 없다
떠도는 먼지 땅에 내려놓고
비구름 몰아와 또 땅에 내려놓고
땀 흘리는 농부 얼굴로 산책한다

갈 길은 바쁘지 않으나 갈 곳 많다
찾아주는 이 없어도 찾을 곳 많다
반기는 사람 없어도 밀어버리지 않는다
문틈 엿 봐도 눈치 주는 이 없다

아기 코 간질여 콧방울 재채기 선물하고
새근거리는 바람 소리 울림이 같다
파장 없는 방은 아기 새근새근
아기 곁에 조용히 잠자다 떠난다

전문구

새벽 나무

새벽 공기 바람 빠진 공
새벽은 울고 있다
차디찬 허공 눈물 만나 안개를 이루고
새벽 가르며 주춤한다

눈물샘 마를 줄 모르고
내리는 공기 감싸 안아 늙지 않는 온도 감추니
추위보다 젊어 짐에 기쁨에 소리 스삭스삭

산 위에 망부석 서 있는 저 나무
추위에 쌓여 나이가 들지 않는다
변절하지 않음에 몇백 년 간직하고
귀양은 있어도 심지가 깊다

적색 신호 만물을 섭취하고
노랑 신호 잠자고
반짝이는 신호 호흡한다
하늘이 낮아질 때 마시고
소리 없이 오는 바람에 물 올려
하얀 눈 내려올 때 백의 옷 갈아입고

마침표 찍으려던 시름에
알 품는 새들 오래된 마을 선물하고
지저귀는 새소리에 승무(僧舞)가 제격
새벽이 다가옴에 눈물 차오르고
한 방울의 피안(彼岸)*을 떨어뜨린다

*피안 : 사바세계 저쪽에 있는 깨달음의 세계

전문구

별

영원한 눈 하늘로 감겨
하나하나 뚝 떨어져 바다로 스며
차별 없이 나타나 깨끗함 선사한다

맑은 눈 억겁으로 생환하고
별 되어 하늘로 윤회하고
간절한 사랑 밤 별 되어 그대 기다린다
외면한 사랑 심술 구름 외롭다
때론 슬픈 사랑비 되어 바다로 증발

두고 가는 임 그리워 눈 뜨고
억지 사랑에 눈 감는다
말 없는 별 만 그대 바라보다
새벽안개처럼 사라진다

밤하늘 별은 고복의식(皐復儀式)* 다한 눈이요
그곳에 두견새 동행하여 고향 찾는다
자리하지 못한 그리움 별똥별로 귀환하고
오로라로 반겨준다

먼지 낀 별 안타까워 비 내리고
태양에 붉은 별 눈 내려 식혀주고
달 지구에 징검다리 놓아

별 따다 그대 눈에 심어주면
다시 만난 사랑 춤을 추고
사라지는 별 기쁨 소식 전해준다

*고복의식(皐復儀式)--망자의 혼을 끌어오는 의식

몸 추위

끝이 맵다
불쑥 튀어나와 맵다
균형 잡아주려 공제 선 지키고
매움, 줄이려 솜털 같은 아궁이가 두 개
빨간 단풍 없는 민둥산

작아지고
터널도 좁아지고 길이도 짧아진다
끝이 아리어 오고
아픈 마음 오래가지는 않는다
따뜻한 동그란 가슴이 그립고
호호 불며 지나간다

붉은색 그립다
곤두박질 붉은색보다
힘들게 오르는 빨간색이 그립다
비명 잦아지며 속살 사라지고
사라지는 그림자 변함없다
아름다움보다 따스함에 감동

그리운 아랫목 푹 덮인 목화에 반하고
흰 구름 살금살금 초가집 굴뚝 꼬리 친다
견원지간 굴뚝 모여 똬리 틀고
화롯가 인맥 만들어 가고
그리고 동그란 냄새 해로동혈(偕老同穴)한다

수은주가 길게 늘인 날 따스함 밀려온다
저녁 그림자 지구 감쌀 때

전문구

세월

닮아가고 닮아가소 좋은 점은
버리소서 버리소서 나쁜 점은
기다리고 기다리소 사랑 임을
꼭하소서 꼭하소서 좋은 일은
비우소서 비우소서 욕심 마음

흘리소서 흘리소서 눈웃 음을
바라보고 바라보소 아름 다움
들어보고 들어보소 도미 파솔
막으소서 막으소서 미운 소리
담아보고 담아보소 좋은 향기
칭찬하고 칭찬하소 입열 리면

날아보고 날아보소 두팔 벌려
모으소서 모으소서 기도 손을
아픈사연 아픈사연 투명 가슴
힘주소서 힘주소서 가는 목에
운동하소 운동하소 유연 허리
간직하고 간직하소 후손 위해
늘리소서 늘리소서 다리 하나

하나다리 두다리는 돌덩 이로
다리둘레 허벅둘레 한치 늘고
무릎들은 우골무릎 감시 하고
아리아리 종아리는 타조 알로
연한발목 기계처럼 보완 하고
한쪽발이 다섯이라 둘이 모여
열곱으로 사용하니 백년 일세

우리모두 같은사람 누구 없소
행복함은 길게가고 마음 나눌
친구들은 언제언제 옆에 있소
사랑하오 그대들을 바로 친구
내몸하나 그대몸둘 새롬 없다
내인생을 길다한들 그대 없는
인생길은 외로워서 못살 아요

전문구

홍어

나뉜다 두 눈이
조금씩 갈라지고
초장 살짝 찍어 입에 넣고
훅!!!
코가 뻥 뚫리고
눈물 핑 돌고
고인 눈물 찍어낸다
좋아서 흘린 눈물일까
감동해서 흘린 걸까
혀끝이 짜릿한 눈물일까
코뚜레로 아픈 눈물일까

간(肝)장을 녹인다
애(肝)를 입에 넣는 순간 간(肝) 녹아버린다
애간장 태우며 사라진다
갯내음 흑산도 기분
배추 노란 속살에 갈치속젓 홍어를 부르고
코 자극하는 목 넘김 소리 상반된 극
펄럭이는 날갯짓 푸른 하늘 떠 있다

볏짚에 말려든 속살 눈부시고
처녀 기겁하며 사라질 모습에 미소
첫선에 딱지 맞고 돌아선 그대 모습
혀 키스에 녹아버린 살 찾을 길 없다

욕심 아니 부릴 소냐
누구의 애(肝)태우려 삶을 녹일까
마지막 애(肝) 간이 부은 자의 것

뚝 뚝 떨어지는 친구 더해 맛이 깃든다

전문구

세월은

엄마표 고무 로봇 꿈꾸는 세상에
제작연도 확실한 피카소 그림 달고나와
천재 소리 들어간 울퉁불퉁 신작로길

참외인지 호박인지 구분 없는 인생살이
석기시대 가고 싶은 희망 사항
변한 세상 피하려 담배 먹던 기억으로
가득 고인 눈물 넘치기 기다려도
장작불 말라버려 흔적 없는 마을

시 공간 초월하여 말썽쟁이 자식이 아닐 거나
정리된 인간상 박제된 틀 안에서 서서히 굳어간다
이 옷 저 옷 바꿔 입어 변화를 갈구 하나 속옷은
그대로
박제된 가슴앓이 시작될 때 심지에 불붙이고
타들어 간 심지는 피할 수 없는 세월

터질듯한 심장에 부푼 가슴 봉긋이 솟아올라
속옷 바꿔입고 구름 타고 지난 세월 흘러내고
지나 보니 불효자식 독수공방 신세일세
후회하고 땅 꺼진 후 머리 드니 노을이네

앵무새 말하는 것 웃음으로
돌려세운 돌머리 후회되고
앞서 갖던 미라들이 하고 싶은 말
땅속 한이 되어 승천하지 못함은
한 페이지 두 페이지 책 속에 남아있네

흔적 지우려 돌아보니 오간 데 없는 그믐달
초승달이 담아두니 보름달이 뱉어버려
토끼 간 도굴하여 토성 안에 가둬둔다
그래도 세월은 간다

전문구

사과나무 한의원

복잡한 인생에 사그라지는 몸
사과 달린 한의원

상처 난 사과 주렁주렁 달려
보기 좋은 인생이면 좋으련만
살기 위해 잡은 손에 힘이 간다

지나가는 객 날아와 몸에 상처를 내고
살며시 이는 바람이 애무하고
심술궂게 지나는 쉰 바람에 아찔함
팔랑이며 쏟아붓는 정성에 이슬 맺혀
붉어진 얼굴로 그대에 다가간다

얼마나 많은 고통을 감내하며
얼얼한 손가락을 잡고 있었을까
열 개 손가락이 갈라져
마디가 슬픈 손가락으로 반지 들고
그대 목을 감는다

아픈 것은 참아내기 위함이라
내년에 태어나려
전지에 마사지 피를 나누며
또 그렇게 몸을 추스르고 있다

뒤바뀐 세상

빨간 바탕에 흰 실을 겹쳐 이어놓은
두툼한 고기 집어 올려
놓은 자리 전기 흐르는 소리에
튄 물 살결을 뜨겁게 달군다

옹기 화로에 올려진 고기
뜨거우면 뒤집는 법을 잊어버렸다

되새김하던 덩치 큰 소는 보이지 않고
가지런한 붉은 벽돌처럼 새초롬하다

불에 덴 자국 남기며 주름살 늘면
소가 제일 좋아하던
풀로 살며시 감싼다

풀 뜯으며 여유롭던 목장 끝에
풀의 먹이가 된 흩어진 울음은
다시 태어나려 움~메(엄마)라고
울어대는 송아지의 메아리만 그득하다

전문구

어색한 귀향

속절없는 세월에 기대고
흔들리는 나뭇가지에 전하는 귀향

촘촘한 색으로 마음을 입히고
어두운색으로 적을 만들어
시답지 않은 특징 없는 과일처럼
살며시 귀향한다

마음 나눌 자리는 빈 가슴 전하고
누울 자리 걷어차는 주정뱅이
안주가 필요한 자리에 술을 내고
술이 필요한 자리에 안주만 올리고
잡은 마이크에 앞뒤 없는 자존심

순리대로 살라는 말은 감추고
동전에 눈이 가려진 인생이
터를 파고 있다

눈 돌리며 무시당하는 어르신
그대도 눈 돌리는 어른이 될 터인데
동전 몇 잎에 양심을 팔고
어지러운 귀향 한다
어색한 인생아

담배

중성으로 태어나
이번 생애는 어느 년, 놈에 간택되어
짧은 생애를 태우려나

인간처럼 뼈대가 없어
한 번의 고통으로 사라지지만
얼마나 고온의 불을 밝히려나

쪽쪽 빨아대는
화장을 받으려는지
질겅질겅 씹히는 조각이 되려는지
스물의 중성은 길게 긴장한다

너의 수명 조각으로 썰고
내 수명을 단축하고
중독에 멍든 인간들에
한없는 조의를 표한다

전문구

나물 다듬는 동생

녹색이 봄바람에 놀라
눈뜨는 아지랑이 타고
움트는 보조개가 웃는다

산이 펴놓은 뷔페 나물
오른손 왼손 앞치마에 눙치고
다래끼 넘긴 보따리
이고 지고 보이는 것은 눈
저녁노을 깔고 보퉁이 이사

마루에 초록 향연 오르는 열기
열 살 동생이 숨는다
꼬물거리는 손에 솎아지는 아이
블록쌓기보다 재미있는 나물 다듬기
식물채집에 역사가 된다

반세기 지난 추억에 가녀린 마음
순수함 잃어가는 세월에
손자, 손녀 다듬는 손끝이 맵다

은비령

마음에 심심산골이 살고
깊은 산골은 닮은 꼴

산골을 닮은 신선이 있다
보이지 않는 골짜기 숨겨두고
펼쳐진 마음속 아름답게 드러난
보이지 않아도 알 수 있는
아기 새 둥지 같은 포근한 여유

투박한 바위도 사뿐한 길
굴곡의 의미를 따라
속세를 걸어가는 선한 령

소풍 마을 달고 사는 생은
넘는 고개 해마다 새롭고
포근함 더하는 연인 같은 마음

새로운 은비령이
마음을 새겨 온다
깊은 산이 품은 향기 전해주려

전문구

슬픈 윙크

잠시 사라진 윙크
지하철 문간에서 밖을 본다
시커먼 굴속에 비치는 얼굴
나에게 윙크를 하고 있다
손을 올려 얼굴을 잡는다

주름살 없는 얼굴에
보톡스로 감싼다
팽팽해지는 얼굴이 젊음일까

무조건 반사
얼굴 떨림 증
잘생기지도 않은 얼굴이
윙크하고 있다
성희롱 신고
여경에게 윙크한다
벌게진 얼굴에
이완된 근육

아가의 윙크는 기쁨을 주지만
어른 윙크는 혐오를 준다
세월이 만든 착각

떨리는 눈에 눈물이 고여
보톡스가 흘러내린다
조건반사가 되는 순간
수술대에 눕는다
윙크하고 눈을 감는다
성희롱보다 아프다

전문구

갈대야

마음이 있어 너에게 다가선
그 후로 미련에 빠진 나에게
항상 그 자리를 지키고 있더구나
너를 밀고 흔드는 것은
네가 아니라 나였단다

흔들리지만 넘어지지 않고
고수한 자리 지키고
다시 찾는 것이 기쁨이었지
흔드는 것이 기쁜 것은 아니었단다

네가 아니었다면
다녀갔다는 흔적도 없고
네가 있기에 살아있는 것
너로 인해 나의 존재를 알려준 것

갈대야
너를 좋아하여
자주 들락이고
슬쩍 소리에 반해
자식들 멀리멀리
소풍 보내는 것은
할 수 있는 최고의 능력이란다

너에 곁에 바람
멈추게 해 다오

전문구

노벨상

한글이 금메달
세계 문자 노벨상
신비로운 문자
큰 글
배우기 쉬운 문자
발성 기관의 모습을 딴 문자

한글보다 많은 사람이
사용하는 문자는 있으나
한글보다 위대한 문자는 없다

한글의 웃음은 많으나
많이 사용하는 문자는 하나
한글 꽃의 아름다움은 수없이 많으나
많이 사용하는 문자의 아름다움은 하나

위대한 문자보다
뛰어난 번역은 없다

노벨상 타기는 글렀다
한글을 배우기 전에는

부부 싸움

거친 말이 다가온다
달려오는 말 쏜살같이 달려간다
말발굽 소리 없이 지나간다
입에 재갈을 물린다
푹푹 내미는 숨에 김이 빠진다

꾹 다문 재갈에 힘이 빠지고
헛바퀴 도는 진흙탕 물만 튄다

진흙 물 흠뻑 쓰고 사라진다
끝이다

전문구

속 찬 김 씨

통통한 살 오른 배추
늘어선 배추에 포만감
살짝 밀린 몸 늘어진다
착착 쌓여 항아리 굴로
저장된 김 씨는 서걱대는 겨울 양식

머리 조아려 살 오른 배
어깨 힘만 들어간다
살짝 감긴 눈에 늘어난 하품
기껏 며칠 앉을 책상이 분하다
백성들 푼돈 모아 배 불린 살
슬픈 항아리 뱉어낸다

힘없이 늘어진 김 씨는
겨울 항아리 대기하고
힘 있는 국 씨는
빈 항아리 배춧잎으로 채운다

속 빈 배추는 물러지지만
속 채우는 배추는 무르지도 않아
텅 빈 속 제 식구 감싸기
나무에 옷만 걸친 허수아비
배터리 떨어질 때 보자

동업

나는 기술이 있고
너는 돈이 있다
너의 돈으로 동행하자
조건은 반반

너의 돈으로 성공했다
마음의 눈동자 돌아간다
혼자면 모두 내 것인데
네가 있어 신발이 반쪽
의리 숨기고 밀어낸다

화장실 갈 때 올 때 달랐다
돈으로 미움을 산다

그런데 돈이 사라진다
미움받으면 오래 산다는 희망
머리가 양심을 무릎 꿇린다

전문구

답습

아침 햇살이 그립다
눈부시게 아름다운 빛
찬란한 마음속에 빛

하얀 안개 가린 하늘
하늘이 지구를 감고
마음마저 감고 있다

투명한 하늘이 보인다
안개는 아침 하늘에 심술을 보태고
햇볕에 덤비다 사라진다

나라의 태양은 하나
정해진 국민의 마음
사라지며 덤벼든다

떠 있던 태양이 시들어
어두운 곳에 보호하면
그대 또한 보호되리라

말씨

조용한 밭에 뿌려진 씨앗
거름을 머금은 흙의 기운에
살포시 엉덩이 까고 앉는다
궁금한 바람이 흘러가고
말라가는 흙에 비를 뿌리고
들큼한 냄새가 환경을 만든다

산고의 고통으로 어느새 터진 눈
굳은 땅 밀어 올리고
봉긋한 가슴을 만들어
유두를 내민다

햇빛이 유두를 빨고
농부의 손이 애무하여
씨를 터트린 기적을 일으킨다

던지는 말에도 씨가 산다
단단한 씨에 화가 스미고
가슴과 머리를 후빈다

말씨에 좋은 거름을 주자
되씹을수록 기분 좋은 씨앗
한마디의 말씨
그 씨앗에는 향기가 난다

전문구

내시경

외*로 눕는 새우등
엄마의 가 젖을 물고
눈을 뜬다
토닥이는 팔에
생 젖이 돌자
스르르 감기는 행복

어젯밤 불면을 채우고
아내의 부축을 받는다
비틀거리는 걸음에
아직 덜 깬 잠

아내가 위대한 내 속을
다 알아 버렸구나

*오이의 준말

쫀쫀한 인간

잘하는 것이 무엇일까
매일 잠자고 일어나는 일

인간이 만든 경기는 참 많다
하지만 인간이 만든 경기는
참 쫀쫀하다
하늘을 날 수 있는 경기가 있다면
바닷속을 빨리 헤엄칠 수 있는 경기가 있다면
한곳에 오래 서 있을 수 있는 경기가 있다면
사계절을 완벽하게 꾸밀 수 있는 경기가 있다면
편견 없이 공평하게 나눌 수 있는 경기가 있다면

새, 바닷고기, 나무, 계절, 공기
인간은 예선도 통과하지 못하는 존재

그렇지만 인간이 만든 경기에 환호하는
쫀쫀한 인간들
자연에 덤비지 마라
어느 순간 자연에 무릎 꿇는 날이 있으리라

전문구

4부. 겨울나무

겨울잠 자려 잎 내려 이불 삼고
터진 발 숨기고
이웃한 친구 멋진 몸매 드러나면
바람 따라 포옹한다

『겨울나무』 중

겨울나무

손등 터 잎을 벗어버린
움 추린 나무
흰 솜 다가와 덮어주려
바람으로 길 터주고
등 얼어도 추워하지 않는구나

해 잠든 겨울밤
정적인 감응에 세상이 얼어붙고
얇은 껍질 하나에 두고 온 청춘
맹종하며 견디누나

겨울잠 자려 잎 내려 이불 삼고
터진 발 숨기고
이웃한 친구 멋진 몸매 드러나면
바람 따라 포옹한다

뚫을 땅 얼고
깊이 알 수 없고
고수한 자리 그대 맘 안다
부축하며 떠밀리는 삶보다
숨 참아가며 길게 호흡한다

해 걸린 나무 무시하려
잎에 걸린 무리 샘 바람에 날리고
민둥산 찾아 여행한다
그곳이 천국이다

전문구

심부름

코훌쩍이는 참새 소리
기댄 등엔 닳아빠진 벽지
겨우 한 끼 밀어 넣고 긴긴밤 견디니 꼬르륵
기대 속 엄마 얼굴 뚫어 보니 베 삼느라 정신없다
훅 불어 호롱불 깜빡이면 엄마가 춤을 춘다
침 바르고 무릎 위로 밀고 밀어 한 자 두자 늘려
수북이 쌓아놓고 하품한다
기다리다 깜빡 잠에 애정 어린 엄마 부름

출출함에 국수 타령 징징거려 외상 심부름 선택하고
추위보다 뱃속 기분 맞춰주려 구멍 잠바 걸치고
무서움 반 추위 반 초승달 등에 지고 검둥이와 동행
말 못 하는 검둥이와 대화하듯 중얼거림
헐떡이며 뛰어갈 때 초승달도 뛰어오네
찬바람에 허한 가슴 달빛 속 숨겨두고
까까머리 흩날린다

쭈뼛거린 행동으로 외상 국수 옆에 끼고
검둥이와 앞서거니 뒤서거니 동물 친구 따로 없네
멀리서 손짓하는 별친구 마중 나와 집 앞에 기다리고
갈깃머리 지붕 위 호위하는 밤나무 무장하고
밤톨 머리 기다리네

덜컥이는 부엌 속 엄마 소리 땀 덩어리 떨어질 때
검둥이 마루 속 집어넣고 야속함에 엉거주춤
헉헉거린 입속에 하얀 구름 몽실몽실
하얀 눈썹 신선 되고
등에 업은 초승달 무거워 별친구 맡겨 놓고
어질거린 머리 아궁이 친구 된다

무서운 진땀도 엄마 소리에 사라진다

전문구

홀로라는

외로움보다 쓸쓸함
가슴골 보인 기억
사라지는 안개 앙금

눈물 뚝뚝 흘리며 바람 탓하고
흘린 자국 마음 담아
텅 빈 머릿속 채우는 외톨이

생각나는 친구가 있고
아련한 추억 장 넘길 때
아쉬운 가슴 멍이 든다
돌아갈 수 없는 마음만 청춘
외로움과 정을 나눈다

생각이란 길 하나 삶이
웃음 자아내고 우울하기도
스치는 마음 후회
가슴 시린 따뜻함도
기억으로 새겨질 뿐
다가갈 수 없는 무지개

보이지 않는 담쌓고 살아도
피할 수 없으면 고행이요
즐길 수 있으면 아름다운 추억

북적대던 마음 삭아 낙엽 되고
아리게 그립던 사람 추억되어
현실로 안주한다

흔들흔들 사는 것이 갈대 인생
홀로 일 때 그대 연서(戀書) 숨기리

전문구

삶

무관심 속 흘리고 다닌 향기
무심한 표정이 알려주고
스친 향기에 깜빡 속은 두꺼비 눈
지나간 향기 흩어져 사라진다
뒤 돌릴 수 없는 눈에 미련이 싹트고
감은 태엽 풀어진다

모퉁이 돌 때 되새김하고
생각 없이 껌뻑이는 황소보다
눈밭 갈아엎는 늑대의 눈으로
편도 인생길 역행 없는 생각 담아
흘린 향기 영역을 표하고
커진 강아지 빙빙 이며 광장을 헤맨다

배고픔 요리는 양보다 향
둥근 눈 향기에 기절하고
눈썹달로 치장하여
흰 눈 흠뻑 담아놓아
기댄 사랑으로 잔잔한 파문이 인다

해 저문다, 슬퍼하지 않아
텅 빈 곳 산수화 채우고
그리움 보통이 풀어 나누고
향기 희석하여 벽장 속 넣어두고
나이테 세어가며 얼굴 펴며 살고 싶다
투박한 사발에 사랑 가득 담아 넘칠까 걱정하며
풋밤처럼 흔들리며 살고 싶다

전문구

눈

하얀 범이 내려온다
눈 돌린 틈새 타고 소리 없이 내려온다
빈틈없는 공격에 검은 머리 하얘지고
날아다니는 범 잡을 수 없고
피하려 뽀득 이지만 흔들린다
선은 사라지고 평화가 찾아와 보듬고
범의 가벼운 발에 얼어붙어 바둥바둥
나타났나 하면 어느새 등이 서늘

사나운 범에 밀리면
부러지고 뒤틀리고 반창고와 친구
오그라든 수은주에 갇혀 소리 없이 협박한다

창고 속 숨겨두었던 따스함에 부탁
흔적 남기지 않아 상대 사라진다
착하게 기다리면 언제나 천사 되듯

머무름, 안주 않고 나타남, 즐긴다
이브에 태어나면 온 세상이 환영
착한 범 천사 되어 아이 앞에 나타나
친구 되어 뒹군다
범의 마음에 따라 변할 수 있는 인간의 간사함
범은 약속한 날 나타나 피할 수 있음에
하얀 신사

눈 내리는 날

살짝 돌린 바위 속 표정 만족 웃음 시작
틈새로 보이는 작은 눈꽃 유리문 뚫고
한잔 속 떨어지는 약수로 변하고
넘침을 모르는 계영배 자리
두지 속 숨겨 둔 사도세자 슬픔도 품어본다

뽀드득 오른 그대 사라질까
두려워 한잔 한잔 넣어두니
우정으로 변함없는 항아리
갈 곳 없는 구름이라 내 마음 알려주려
구름 위 눈 걸치고 잔에 속마음 넣어준다
녹아든 하트 가슴에 새겨놓아
따뜻한 눈길이라 추위 녹여주는 더부살이
쉼 없는 대화 속 가슴 탈탈 털린 빈 주머니

받아준 눈 깨끗한 미소 짓고
그윽함으로 내려와 사랑방 안주하리
눈물 떨군 몽글한 꽈배기 마음 섞은 표석이다

빈틈없는 공격 눈사람 되어도
마음 녹여주니 뒹군 강아지 마음
마음 날개 둥둥 떠 구름 곁
하얀 백설기 나누고 싶다

〈수원 친구와……〉

전문구

인생

풍선에 부푼 무서움
터질까, 발버둥 십 개월
선택된 천생연분
둥둥 떠다닌 암흑이 싫어
소리에 놀라 환한 세상 보려 눈을 뜬다

촉감 좋아 앙다문 입술 풀리고
천연수 간직한 맛 길들어
세상 유일 천연의 달콤함
웃음기 머금은 얼굴 기쁨
잔잔한 미소로 맞는 엄마 마음
그윽한 미소로 맞는 아빠 마음

입속 떨어지는 엄마 맛
심장이 두근거려 사랑을 배우고
포근한 마음 부모 사랑 알아가고
팔베개 살 내음 가족을 알고
잡아주는 손에 인생을 배워간다

딸아이 재롱에 머리 퇴색되고
아들 믿음에 나이테 늘어간다
나그네 눈웃음 매료되어 시름 잊고
마주치는 미소 소풍 나온 인생
돌고 도는 인생은 사랑이라오

궁합

삼신할미 점지 됐나 하늘서 떨어졌나
조물주 환상 조합 꿈틀 이는 척추 탄생
요술 같은 살을 섞어 완벽작품 만들고서
시간 날짜 점지하여 현세에 분양한다

무지한 인간 억지 작품 만들려고
착각 만족 늘려가나
신내림 없는 곳에 태생은 환상이라

한 치 앞도 속는 세상 미래는 천연자원
자유로운 신체, 두뇌가 지배하고
숨어든 곳 들춰내어 자연으로 방사하니
피지 못할 꽃 아름답게 만개한다

억지 춘향 수청보다 자유로운 영혼에
하대하는 놀부보다
눈웃음에 잔주름 숨어있는 꽃이로다
박 터지는 웃음에 늘어가는 동전 한 잎
우거지상 백 년보다
마주 보며 웃음 짓는 반백 년이 행복일세

억지 태생 변명 말고 순리에 순응하면
따라오는 자연 궁합 시기하는 저승사자
가슴 떨린 속궁합 후대에 전해주니
나비효과 점지 되어 현세가 천국일세
다른 듯 같은 것은 흐르는 물속 돌이로다

전문구

추위

조그만 갈퀴 손 감촉 없다
한지 묻은 유리 성애 낀 추위
틀어진 문틈으로 얼음 바람 들이친다
삐져나온 발가락 추위에 꼬물꼬물
씻기 싫은 새까만 손 튼 자리 핏빛이 스며들어
물 닿으면 쓰라려 엉덩이 빼고 있다

빗자루든 엄마 피해 벌컥 열린 입으로
하얀 김 덤벼들어
삐걱대는 부엌문 넘어 아궁이 앞 누렁이 밀어낸다
하품하는 누렁이 샛눈 뜨고 바라보고
대야에 손 담그니 쓰라림에 눈 쏠리고
쌀겨 한 움큼 비누를 대신한다

아궁이 손 넣으니 따가움 배가되고
아린 손 문고리 자석처럼 흡수
고양이 세수에 눈곱이 바위틈에
벅벅 문지른 수건에 아픔이 감겨온다

덜덜 떨린 된 추위는 아침마다 전쟁
얼어붙은 눈 밟아도 꺼짐 없이 튼튼하고
소 발자국 푹 꺼짐은 이리저리 네 발자국
살살 걷는 발자국도 햇빛 나면 음각 조각
살며시 보인 냉이 추위 기다린다
눈으로 손 씻으니 파랗게 얼어있다

냉이 손은 입춘(立春)이 씻어주리

전문구

안개

뉴턴 눈 비비고 일어난 우거지상
만류 인력에 딴지를 걸고
하늘로 오르며 사라지는 안개
꽉 찬 배춧속 웅크림에 놀란 하늘

내리는 안개 세상을 삼켜도
보이지 않는 기침보다 무서움 없다
선하게 태어나 사라지고 부활하는 신선
다스림에 순한 양이 되고 역류 인간 안개 지옥

묵혀두면 변하여 이슬
이름에 태생을 알고
냉정함에 하얀 꽃 피워낸다
움직임 없는 세계 정화수 내려주는 자비
자주 만남은 정이 들어 친구로 적셔주고
태양도 무서움 없다, 다만 양보할 뿐

수은주에 숨어있다
부엉이 소리에 살림 차리고
무당새 따라 사라지는 고독한 나그네
잡으려 해도 잡지 못하는 까닭 없는 주정뱅이

사랑싸움 달콤함이 안개처럼 사라져
돌아선 임 그리워 안개 속 묻어 두고
새침데기 맘 변할 때 안개에 갇힌 사랑

전문구

얼음

투명하고 발랄하게
바람도 미끄러져
꼭 싸매고 때뚱때뚱 걸어도
미끄덩 지구가 흔들린다
새색시 발걸음 조곤조곤 시비 걸고
눈칫밥 지친 인생 눈 깔고 맞서지만
엉금엉금 넘어지면 아장아장 기어 올라
시비 걸 상대 없어 툭툭 털며 눈치 본다

꽁꽁 언 수은주 턱밑에 고행하면
흐름 멈춘 물소리 반들반들 전해주어
평소에 밟지 못한 깊이 요술처럼 걸어가고
걱정되는 물고기 뻐끔뻐끔 신호한다

얼음에 비친 동백꽃 발 시리다 동동 일 때
푸른 손 흔들어 언 바람 솎아주고
빨간 꽃 수은주 하얀 태양 밀어낸다
꽃 수술에 역인 얼음 몸 풀고 임 기다려
설익은 아기씨 마음이라 풀지 못한 숙제

눈 내린 새벽 여인 두고 떠나는 얼음길
둔탁한 덜컥거림 찬 마음 얼어간다

얼음꽃 수술 억지 힘쓰기보다
따뜻한 마음 부드러운 속삭임에 녹아든다
살얼음 속으로 미끄덩 빠져든다

전문구

풍경

목화밭 포근한 호숫가
숲길 사이 눈사람 바위
파란 마당 끝 팔걸이 의자
대나무 낚시하나
돌절구통 매듭 위 호롱불 불러
작은 연못 빨간 옷 입혀놓고
분수 뿜는 연기 마당을 올려주네
평상에 검은 머리 널브러져 숨죽이고

아이들 맞댄 머리 공깃돌 날아다녀
황토 마사지 터진 손 쓰라려도
짹짹 소리 털 없는 새소린가
삭정이 연필 색칠에 덧칠한다

주름진 먼 산 나이를 물어보고
공제선 아이들 손짓하며 불러본다
구석진 긴 의자 벌러덩 누워보고
윙윙 귓전에 울릴 때 허우적
귀신 손은 부끄럼 가림이다

해 질 녘 구름 황톳빛 눕혀놓고
기대선 초승달 호수에 재워놓고
눈감은 듯 거품 머리 버드나무 말아쥔다
검둥이 꼬리 들어 머릿결 빗겨주고
호수가 수군대니 사랑 물결 넘실댄다

전문구

정원수(庭園樹)

울퉁불퉁
색과 숫자 갈등하여 날려버린 종이
기형 나무에 웅크린 눈
변하지 않는 마음 깊이
들판 자유롭게 피는 움직임에 홍역을 앓고
이사한 곳 그리워 몸이 떨고
물 한 모금에 보듬을 다한 것
미뤄지는 계절 혼란만 초래한다

뭉툭한 얼굴도 자연에 봉사하고
외로운 눈물 되돌려도 힘 떠난 나뭇가지
친구 옆 자리하나 보기 싫다 버림받네

뭉툭 뭉툭 돌 틈에 끼어버려
비켜주는 돌부리 기쁜 마음 감싸 안고
너 잡고 견디니 고마움 뿌리로 전해준다
머리카락 푸른색 염색하니 얼굴엔 함박웃음
모자란 놈 모임방

못난이 환영하고 잘난 놈은 비켜나고
우글쭈글 환영하니 동네 얼굴 동화되어
억지 부려 살아나도 변신이 고민되네
허리 늘려 고령 되어
존경은 고사하고 팔려 갈까 어지럽다
못생김에 감사함을

전문구

느낌 대로 보자

남아 있는 생각 버리자
채우고 남는 공간은 남겨두고
욕심 없이 바라보고 생각 의미 덜고
화자 마음 읽고 뒤란으로 숨은 그림자
울퉁불퉁 그림자 읽지 말자
욕심 그림자 성형되어 예쁜 아내로 변신한다

딱정벌레 냄새 보지 말고
위대한 등껍질 숨겨진 날개 보자
화려함에 숨어든 검은 채색 명화를 초월한 붓칠
남북으로 갈라진 반쪽 지구 본

입맛에 환호 말고
널브러진 재료 마약 없는 바닥으로 음미하자
벌레와 나눈 열매 반쪽 재료 모자라도
정성 담은 화자 맛 끈기를 더해준다

작은 눈으로 보고 크게 생각하는 이성을 찾자
명성에 따라 넘기는 기(氣)는 혼돈만 가져올 뿐
초롱 눈 이순(耳順)의 느낌으로 희석하자
자연에 감동하는 입으로 확인하고
화자 없는 글 지식창고 채워 넣자

글 내용 읽어가면 화자는 생성되고
글맛에 중독되면 단골손님 찾아든다
글 쓰는 요리사 눈 감아도 맛을 낸다

전문구

의자

사는 것도 버릇이라 잠들면 깨기 마련
걷다 보면 잠시 걸터앉아
허리 굽혀 의지하니 무거움에 휘청
싫어서 삐걱삐걱 일어서니 조용하네

어스름한 그늘 속 나그네 쉼터 되어
편안함. 추구하니 너의 봉사 힘겹구나

보아주는 사람 없어도 자리를 보전하려
살짝 걸린 그루터기 옆으로 휘어지고
밀고 밀어 고목 밑 자리 잡아
단단한 바위처럼 댓돌 크기 의자 되네

한 입 한 입 샘처럼 흘러들어
부스러기 받아먹고 시름을 덜어버려
목욕 재개하니 간질거린 비누 냄새
연인 향기 따라가는 마음이네

힘들어 참아내고 끈끈하게 버텨보니
앉아서 세상 구경 다 한 기분이라

시 없이 살았다

눈뜨고 나와 눈감고 살았다
겉만 보고 그렇게 배우고 가르친다
보이는 환상 마약인 줄 몰랐다

눈 감고 살았으면 불편했겠지
듣고만 살았지, 생각하면서
보이는 것 듣는 것은 다르지

듣고 생각하는 것
보고 생각하지 않는 것도 다르지
그렇게 살았다

보고 생각하지 않는 멍청이로 살았다
보고 듣고 생각하지 못했다

그러나 시는 그런 것이다
보고 읽고 생각하고 들리는 소리가 있다
그렇게 살아야겠다
시를 읽는 마음으로
보고 읽고 생각하고 소리가 있는
마을로 가야겠다

전문구

누름돌

하얀 아침 해
밤새 떨었던 몸뚱이를 일으킨다
수정처럼 맑은 물이 투영되어
거울에 비친 몸뚱이 나체로 만든다
모두가 바라보는 예쁜 곡선에
시선이 사라지지 않아
숨 참고 잠수한다

벌거벗은 임금님
살짝 빌려 입은 옷
부끄럼 모르고 일광욕하다
덥석 들린 몸뚱이
가슴 사이 설레다
이사한 캄캄한 단지 속

수백 년을 갈고 닦았으나
누르기 한판에
인생이 뒤집힌다

아버지의 기도

무신론자
내가 믿는 건 아버지
삶을 알고
사랑을 가르쳐준 아버지
배움이 짧아
몸으로 실천한 아버지
대화에 끝도 시작도 없지만
알 수 있는 대화
아버지의 마음속 기도가
고스란히 전해오는 울림이 있다

허리가 굽어진 이유도
기억이 사라지는 이유도
노파심이 많아진 이유도
가쁜 숨에 가다 쉬는 이유도
모두 자식에게 넘겨준 이유

난
아버지의 기도만 알아듣는다
아버지의 기도는 몸으로 하기 때문

전문구

해설

시적 감성을 직시하는 연금술사

저 꽃잎_전문구 시집

『해설』
시적 감성을 직시하는 연금술사
저 꽃잎_전문구 시집

『현대시선』 발행인 윤기영

1 시 영역을 탐구하는 연금술사

시의 영역에서 자기주장을 명확하게 전달하기 위한 노력과 능력이 있어야 한다. 시는 현실을 재구성하는 자기의 성찰이라 말한다. 시인의 삶에서 오는 큰 울림과 작은 울림이 있는데 그 삶 속에는 현실을 직시하는 통찰력은 순간순간을 성찰하게 된다.

두 번째 시집을 상재하는 전문구 시인의 시를 일별해보면 남다르다는 생각이 든다. 시와 소통하려는 집념이 보인다. 시의 흐름 속에는 시가 시를 기다리기 때문에 시를 쓰는 것이 아니라 시는 바람에 흔들이는 문밖의 소리와 같은 것이라 생각에 따라 마음이 동요되는 본능적으로 시의 근본을 찾아 성찰하며 여행하고 있는지도 모른다.

우린 시의 간접적 체험을 통해 우리 눈에 보이지는 않지만 그 실체가 느껴지기 때문에 순간순간 성찰을 내면에서 꺼내어 따뜻한 문장의 언어를 옮기는 일을 하는 것이 연금술사이다.

요즘 시의 모티프는 오프라인을 통해 많은 작품들이 저변확대 되면서 문학의 주류도 다양한 지금, 우린 어떤 관념에 대한 견해가 필요한지 고민해야할 시기이기도 하다. 시 쓰는 일은 감성만으로도 안되고 시의 깊이를 번뜩이는 지성인이어도 안되는 것이다. 시의 한계에 도달하기까지는 천성과 감성 사상과 언어가 총체적으로 융합되고 통일되었을 때 한 시인의 시로 주목받게 된다.

 전문구 시인의 『봄이 무서운 건』중 봄이 무서운 건//차가운 얼음 속/잉태하는 봄은/시기 바람에 녹아든다/벌어진 문틈으로/검은 눈동자 초록 물감 들고//기지개 켜는 땅/틈 사이로 돌 문을 여는 아가 손/안아주는 대지의 가슴/새벽마다 젖이 흐르고/햇볕 해바라기에 빈 젖을 물고/하늘을 향해 걷는다//봄이 무서워하는 건/무표정 얼굴에/주름 새긴 호미 든 얼굴//그래도 봄은 미소를 달고/밭둑 사이로 대기한다『봄이 무서운 건』은 시인이 바라보고 느끼는 성찰이 남다르다. 시가 바람에 녹듯 무겁고 칙칙한 일상들이 봄기운에 싱그러움을 불어 넣어주고 있다. 봄의 목마름은 영롱한 이슬방울처럼 소리 없이 찾아오고 있음을 시에서 말하고 있다. 시의 절제된 언어의 감각은 시인의 숨결에서 고스란히 보여주고 있다.

 시인의 표현 기교에 몰두한 사색을 감상해 보자 삶의 감성을 여과시켜 정제된 서정의 시 세계가 기다려진다.

윤기영

외로움보다 쓸쓸함
가슴골 보인 기억
사라지는 안개 앙금

눈물 뚝뚝 흘리며 바람 탓하고
흘린 자국 마음 담아
텅 빈 머릿속 채우는 외톨이

생각나는 친구가 있고
아련한 추억장 넘길 때
아쉬운 가슴 멍이 든다
돌아갈 수 없는 마음만 청춘
외로움과 정을 나눈다

생각이란 길 하나 삶이
웃음 자아내고 우울하기도
스치는 마음 후회
가슴 시린 따뜻함도
기억으로 새겨질 뿐
다가갈 수 없는 무지개

보이지 않는 담쌓고 살아도
피할 수 없으면 고행이요
즐길 수 있으면 아름다운 추억

북적대던 마음 삭아 낙엽 되고
아리게 그립던 사람 추억되어
현실로 안주한다
흔들흔들 사는 것이 갈대 인생
홀로 일 때 그대 연서(戀書) 숨기리

(「홀로라는」 전문)

전문구 시인의 '홀로라는' 시는 지난 시간을 견인

하고 있다. 시의 목소리는 그리움 되어 삶의 일부로 자리 잡고 있음을 보여주고 지난 시간을 이미지로 형상화되어 '무지개' 빛으로 시적 지향점을 나름대로 인식하고 있다.

『봄이 무서운 건』『홀로라는』 시는 투명하고 순화된 인간 정신의 미적 표상이다. 시인은 삶의 체득에서 빚어진 현실의 내면 풍경이 진솔하게 묘사와 삶 속에 그려지는 시적 호흡을 통해 언어 감각과 순발력이 뛰어난 상상력은 시를 쓰게 하는 원동력이다. 우린 시인의 특성을 발견할 수 있다. 한정된 공간에서 추구하는 시적 울림이나 사물적 시편에서 주는 의미는 무엇일까? 상상에 잠길 수 있지만, 그 해답은 자연의 이치라는 것에 해답이 있음을 발견하게 이른다. 시인이 바라보는 원초적 발견 그 감성을 수용하기까지는 많은 시간이 필요했을 거로 본다.

다시 『새벽 나무』 새벽 공기 바람 빠진 공/새벽은 울고 있다/차디찬 허공 눈물 만나 안개를 이루고/새벽 가르며 주춤한다//눈물샘 마를 줄 모르고/내리는 공기 감싸 안아 늙지 않는 온도 감추니/추위보다 젊어 짐에 기쁨에 소리 스삭스삭/산 위에 망부석 서 있는 저 나무/추위에 쌓여 나이가 들지 않는다/변절하지 않음에 몇백 년 간직하고/귀양은 있어도 심지가 깊다//적색 신호 만물을 섭취하고/노랑 신호 잠자고/반짝이는 신호 호흡한다/하늘이 낮아질 때 마시고/소리 없이 오는 바람에 물 올려/하얀 눈 내려올 때 백의 옷 갈아입고//마침표 찍으려던 시름에

윤기영

/알 품는 새들 오래된 마을 선물하고/지저귀는 새소리에 승무(僧舞)가 제격/새벽이 다가옴에 눈물 차오르고/한 방울의 피안(彼岸)*을 떨어뜨린다 「새벽 나무」를 통해 시인은 서정의 상징성을 보고 있다. 깨달음 통해 얻어지는 것은 진리라는 것을 말하고 있으며 비옥한 땅에 씨앗이 내려 자연이 있듯 저 숲에서 자라고 있는 나무를 수용하는 자세는 인정과 사랑이 가득해 보이며 시인의 삶에는 희망의 메시지가 보인다.

우리가 알고 있는 시에 있어 시의 순수함의 정서를 호흡하며 언어예술의 가치를 즐기고 함께 시의 연대성을 갖고 접근한다. 시와 삶의 접근성은 심상에서 오는 심리적 갈등의 구조이다. 생각에 따라 성격을 지니고 있는 정서적으로 미묘한 차이는 삶에서 오는 절실한 삶의 온도인지도 모른다.

「봄이 무서운 건」「홀로라는」「새벽 나무」 등에서 보여주는 독창적 언술 묘사는 자연미의 발견이며 풍류시를 이해하는 중요한 정보가 된다. 자연의 긴 통로를 통해 얻어지는 진리는 외롭지만 외롭지 않은 긍정적 마인드가 시를 쓰게 하는 연금술사로 자리 잡고 있음을 환기해 줌으로 시적 온도는 따뜻한 소통이 시작되고 있다.

2. 순환은 삶의 진리

전문구 시인의 시는 인내와 참아내는 끈기와 긍정

인생의 희망적인 미덕으로 반전시키는 것은 가족과의 우애가 남다르게 보여진다. 시인의 시를 잠시 살펴보기로 하자, 정서적 표상들은 진정성의 묘한 향기가 순환의 시대는 기억을 더듬고 삶에서 오는 둔탁한 소리가 새로운 시적 시대의 살아있는 발견이다.

『세월은』 "엄마표 고무 로봇 꿈꾸는 세상에/제작연도 확실한 피카소 그림 달고나와/천재 소리 들어간 울퉁불퉁 신작로길//참외인지 호박인지 구분 없는 인생살이/석기시대 가고 싶은 희망 사항/변한 세상 피하려 담배 먹던 기억으로/가득 고인 눈물 넘치기 기다려도/장작불 말라버려 흔적 없는 마을//시 공간 초월하여 말썽쟁이 자식이 아닐 거나/정리된 인간상 박제된 틀 안에서 서서히 굳어간다/이 옷 저 옷 바꿔 입어 변화를 갈구 하나 속옷은 그대로/박제된 가슴앓이 시작될 때 심지에 불붙이고/타들어 간 심지는 피할 수 없는 세월//터질듯한 심장에 부푼 가슴 봉긋이 솟아올라/속옷 바꿔입고 구름 타고 지난 세월 흘러내고/지나 보니 불효자식 독수공방 신세일세 후회하고 땅 꺼진 후 머리 드니 노을이네//앵무새 말하는 것 웃음으로/돌려세운 돌머리 후회되고/앞서 갖던 미라들이 하고 싶은 말/땅속 한이 되어 승천하지 못함은/한 페이지 두 페이지 책 속에 남아있네//흔적 지우려 돌아보니 오간 데 없는 그믐달/초승달이 담아두니 보름달이 뺏어버려/토끼 간 도굴하여 토성 안에 가둬둔다/그래도 세월은 간다"

윤기영

『별, 아직 끝나지 않은 기쁨』 마종기 "사랑하는 이여/세상의 모든 모순 위에서 당신을 부른다/괴로워하지도 슬퍼하지도 말아라/순간적이 아닌 인생이 어디에 있겠는가/내게도 지난 몇 해는 어렵게 왔다/그 어려움과 지친 몸에 의지하여 당신을 보느니/별이여, 아직 끝나지 않은 애통한 미련이여/도달하기 어려운 곳에 사는 기쁨을 만나라/당신의 반응은 하느님의 선물이다/문을 닫고 불을 끄고/나도 당신의 별을 만진다."-중략- 별빛은 본래 과거의 빛이라 말하기도 한다. 믿는 사람들의 어떤 기대감에 의지하는 꿈꾸는 자유의 세계이듯 소멸은 진리이다.

 전문구 시인의 '세월은'과 마종기 시인의 '**별, 아직 끝나지 않은 기쁨**' 시 내용은 다르지만 별에 대한 성찰에서 공통점을 발견하게 된다. 전문구 시인은 지난 시간에 잠시 멈추어 후회스러운 자화상, 아직은 경이롭다 말하고 싶어 한다.

 시인은 다시 『편지』 구김 없는 편지 한 장/우표 없이 손으로 전해진 편지/그대의 가슴을 녹였습니다//감성에 젖어 흘린 눈물 구름 되어/흠뻑 내리고 내린 비에/머리를 적시고 살갗으로 스며 혈관을 확장/투과한 편지 넓은 동맥을 관통하고/심장에 스며든 비 온몸을 감싼 고백 편지//인생이 편지 속으로 들어가/흐른 편지 반세기를 떠돌다 움츠리고/편지 주인공 허공에 떠돌다 물기를 머금어/비구름 되어 그대 발과 옷깃을 적시고 있다//끌림에 흘러드는 힘은 가냘픈 실오라기/한 겹 두 겹 감기는 몸에 두른 명주/띠앗 머리 나눈 정도 아닌 잊지 못하는 편지/외로움에 불쑥 찾아오는 아린 풋풋함//옛 생각 그리워 정거장 찾는다/마주친 눈빛이 그리워 찾은 정거장/깜빡이는 불빛에 심장이 외출한다/꺼낸 심장 화살로 만들어/환생하면 쫄깃한 심장으로 날아갈 텐데//잊어버린 편지 되새김하여/익어가는 과일에 향기를 품고/그대 나무 접(楼)하여 같은 향기로 섞어/아름답게 피려 또 떨어지고 있다 『편지』 속에 간결하게 들려주는 행이었다. '잊어버린 편지 되새김하여. 익어가는 과일에 향기를 품고' 서로 다른 몸에서 만나 피어나고 있음을 말하고 있는 편지의 시는 모두 살아있는 체험들이다. 체험이 절실하고 각별하기 때문에 더 치열한 긴장의 과속을 실감하게 하는 시어 들이다. 구겨지지 않는 '편지'는 세월이 지나도 그대로 있음을 말하고 있어 그 추억의 기억 들이 얼마나 순수하고 아름다운지 그대로 보여주고 있다.

 시의 호소력과 시의 깊이를 확보하고 있어 (독자)의 마음을 움직이고 있다. 우린 다음 시에서 또 다른 감성을 만나보자.

피다 만 꽃은 없습니다
아름답게 피려 참고 있을 뿐
숨어 피는 꽃도 없습니다
그대의 꽃이 되려 숨어있을 뿐
흘러가는 꽃은 없습니다
구름이 흘러갈 뿐
그대 눈에 비친 꽃은
그대 마음에 비치는 거울입니다   -「꽃」 전문

윤기영

목화 속에
싹틔운 여인

두 볼 다듬는
저 꽃은

어디서
피려 하는 걸까

아이들
웃음소리에

뚝뚝 떨어지는
저 꽃잎

-「저 꽃잎」 전문

화사함 뒤에 숨어
슬픔을 흘리는 기둥이여
꽃술 합한 주에
가늘게 떨리는 손

꽃이 자태를 뽐내며
날갯짓 생명을 부르고
팡팡 그림에 부릅뜬 눈도
어울려 있는 색을
탐하지 못하는구나

뜨거운 사랑 들어오면
아름다운 꽃도
쓰러져 울지만
기둥 속 숨었다
다시 태어나려는 잉태

황홀한 내일을 위해
꽃대는 숨어서 긴장한다

　　　　　　　　　　　　　　　－「꽃대」 전문

　전문구 시인의 계절에 대한 윤회는 남다르게 보인다. 마음의 꽃과 아이들의 웃음소리 꽃대 속에 숨겨진 비밀들이 감성으로 다가오고 있다. 어쩌면 시를 통해 여린 마음을 표현하고자 했는지도 모른다. 꽃은 봄의 상징이기도 하지만 희망이기도 하다. 그래서 시인의 마음에는 꽃처럼 여린 마음이 거울처럼 자리 잡고 있는지도 모른다.

　『꽃』『저 꽃잎』『꽃대』 통해 진리를 보고 있다. 『세월은』『편지』 이 두 편의 시는 시인과 밀접한 관계를 유지하고 있음을 다시 보여주고 있다. 나를 돌아보는 시간과 계절이 주는 의미 속에서 성숙하여가고 있음은 인생 갈무리로 적절하게 보여주고 있다. 시인과 사물 사이에 동일성으로 접근하고 공감을 이끌어 공존한다는 것을 다양하게 잘 나타내고 있다.

　시인은 삶의 환기를 발견해 줌으로 어떻게 살아갈 것인지에 대한 성찰의 시간을 가져본다.

　1부. 『봄이 무서운 건』『홀로라는』『새벽나무』는 깨달음의 이치에서 끊임없는 삶과 연민해야만 삶의 일부가 되어있음을 보여주고 있다. 2부. 『세월은』『편지』『꽃』『저 꽃잎』『꽃대』을 통해 소통하고 지난 시간을 성찰하고 있음을 말해 줌으로 시인의 순수 자아 발견과 오감을 느끼며 시와 여행 중이라는 것을 보게 된다.

　　　　　　　　　　　　　　　　　　　　　윤기영

다시 시의 소통으로 들어가 시인의 투철한 시 세계를 엿보기를 하자.

3. 우린 달아나는 것을 보며 서 있어야 한다

시인은 자연의 이치를 다각도로 조명하고 있다. 삶의 치열한 현실인식은 적응하기 위한 독백 구조로 시와 타협하며 목마름을 젖어 나름대로 삶을 성찰하며 사는 것 같다. 가끔은 현실을 들여다보고 호소력 있는 언어 구사와 시의 개성을 살려 독창적으로 주입하고 있음을 보여주고 있다.

『가을은』 가을 미녀 밀어내니/입술도 빨강이요/구름에 붙은 낙엽도 여행 중//고독해서 좋은 사람/실꽤 엮어본들 양귀비 어림없고/폭삭 늙은 매 호박도 초경(初經)보다 미인이니/중구난방 살아볼까//연료 없는 흰 구름 추락 걱정 얼굴이 노래지고/걱정 많은 얼굴 희미하게 눌어간다/왕복 없는 인생에 작아짐은 소심함//자유는 늘리고 억압은 지우고/낙엽으로 시를 지어 벌거숭이 가려주고/벌거벗은 마음 가을바람 담아둔다//비실비실 볼때기 석양이 비춰주면/붉은 단풍 무지개색 변신한다//가을이 예뻐지는 날/구겨진 마음 활짝 펴고/빨간 알코올 마시고 홍단풍과 흔들흔들/어디든 떠나 보자/『가을은』 풍경화를 보는 듯 아름답기만 하다. 그 풍경은 소박하기도 하고 자유롭기도 하다. 가을 파란 하늘에 물들어가는 가을은 어디론가 떠나고 싶은 마음이 앞서고 있음을 예시하고 있다. 우린 자연의 이치를 바라보며 내가 늙어가는 지난 시간을 후회하곤 하는 게 인생의 참맛인지도 모른다. 시인이라 얼마나 다행이든가 상상의 나래를 펼치며 과거와 현실을 여행하며 살고 있으니 말이다.

　다시 『정원수(庭園樹)』 울퉁불퉁/색과 숫자 갈등하여 날려버린 종이/기형 나무에 웅크린 눈/변하지 않는 마음 깊이/들판 자유롭게 피는 움직임에 홍역을 앓고/이사한 곳 그리워 몸이 떨고/물 한 모금에 보듬을 다한 것/미뤄지는 계절 혼란만 초래한다//뭉툭한 얼굴도 자연에 봉사하고/외로운 눈물 되돌려도 힘 떠난 나뭇가지/친구 옆자리 하나 보기 싫다 버림받네//뭉툭 뭉툭 돌 틈에 끼어버려/비켜주는 돌부리 기쁜 마음 감싸 안고/너 잡고 견디니 고마움 뿌리로 전해준다/머리카락 푸른색 염색하니 얼굴엔 함박웃음/모자란 놈 모임방//못난이 환영하고 잘난 놈은 비켜나고/우글쭈글 환영하니 동네 얼굴 동화되어/억지 부려 살아나도 변신이 고민되네/허리 늘려 고령되어/존경은 고사하고 팔려 갈까 어지럽다/못생김에 감사함을/『정원수(庭園樹)』처럼 사람 손길이 필요한 나무들이 있다. 얼마나 사람 손이 중요한지 보여주고 있다. 사람도 미용실을 찾아 머리를 다듬고 보면 새로운 모습이 되듯 '정원수'도 주인의 손길에 따라 모양이 달라진다. 이렇듯 시인은 사물을 통해 오감을 느끼고 성찰하며 글로 표현하니 얼마나 좋은 직업인가 늘 가슴에 도사리고 있는 언어를 글로 풀어 놓을 수 있는 연금술사가 아니던가 사물을 바라보고 성찰하는 것은 시인의 발전이다.

　　　　　　　　　　　　　　　　　　윤기영

『가을은』『정원수(庭園樹)』통해 시인이 말하고 싶어 하는 시적 사색은 정확하게 드러나고 있다. 꽃이 피고 지는 자연의 이치와 시인이 살아가는 감성의 소통은 현실에 부응하고 있음을 발견하게 이른다. 그 중심에는 시인이 하고자 하는 시의 영역에 공존하고 있음을 보여준다. 우린 시를 쓰기 위해 기다림 또한, 찬란한 인생은 아니지만 자유로운 서정의 꽃을 피워볼 일이 아니겠는가.

이처럼 시인의 마음에는 영원히 떠나지 않는 시적 감성을 통해 적나라하게 적시하고 있어 독자와 공감하는 영역을 확보해 줌으로 소통하게 이른다.

더하기와 빼기
아군과 적군
하얀 고무신 검정 고무신
극과 극이 만난 것 같다

하지만 흑과 백은 가장 친한 친구
하얀 종이에 검은 잉크가 어울리고
흰 구름 아래 먹장구름이 틈을 비비고
하얀 갈매기는 육지를 그리고
검은 까마귀는 바다를 그리며 산다

검은 마음을 가진 종족은 시비를 걸고
하얀 마음을 가진 천사가 베풀어
물들지 않는 것이 진실

흑백 논리는 가능해도

섞일 수 없는 운명
양보에 따라 색이 변한다
봄과 가을
여름 겨울

-「흑과 백」전문

　전문구 시인의 인생길은 굽이굽이 흑과 백이 뚜렷하게 보인다. 계절을 통해 흑과 백의 논리가 갈라진다는 것이다. 봄이면 꽃이 피고 가을이면 물들고 겨울이면 눈이 오는 사계절 속에 그려지는 서정의 나래를 펼치고 있음을 보여준다. 인생은 순환하듯 계절도 순환하는 환경에서 함께 공존하며 살아가고 있음을 제시해줌으로 시간적 흐름은 전형적인 오감과 교차하고 있다. 자연의 이치와 삶이 공존에는 모든 만물이 함께 소통하며 살아가고 있음에 환기하는 모티브가 이 시인의 마음에 자리 잡고 있다.

　『은비령』마음에 심심산골이 살고/깊은 산골은 닮은 꼴//산골을 닮은 신선이 있다/보이지 않는 골짜기 숨겨두고/펼쳐진 마음속 아름답게 드러난/보이지 않아도 알 수 있는/아기새 둥지 같은 포근한 여유//투박한 바위도 사뿐한 길/굴곡의 의미를 따라/속세를 걸어가는 선한령/소풍 마을 달고 사는 생은/넘는 고개 해마다 새롭고/포근함 더하는 연인 같은 마음//새로운 은비령이/마음을 새겨 온다/깊은 산이 품은 향기 전해주려/『은비령』을 통해 시간적 흐름을 관조하는 시인이다. 삶이 주는 은비령으로 그려지는 시인의 마음이 심란한 모양이다. 세상을 바라보는 이치가 은비령만큼이나 악순환하는 심정을 반영한

윤기영

것이다. 때론 평탄한 길도 있고 구부러진 길이 있듯 인생도 살다 보면 고단한 시기가 있다. 너와 나의 단절 속에는 높은 산만 보이듯 풍요로운 마음의 자세가 필요한 시기이다.

『흑과 백』『은비령』은 시인의 철학이다. 자연의 이치를 돌아보며 답답함을 호소하고 있듯 시 정신이 무엇인지 터득하고 부딪치며 습작하고 있음을 보여주고 있다. 서정시의 정형적으로 시어 선택과 기교가 기성작가 능가하게 높은 수준의 언어 선택에 직관하고 있음을 보여주고 있다.

전문구 시인의 시 정신에 순수하게 정제된 언어와 질감이 기다려진다. 투명하고 절제된 언어 탐구에 좀 더 서정의 백미를 그려내는 진행형을 다시 보자.

하얀 날씨 탓
눈 내리는 날 두근두근 쌓여
흔적 지우려 발자국 덮는다
새긴 흔적은 지워지고
하얀 눈 위의 여백이 그립기 때문

지워짐에 눈을 좋아하고
아픔에 흔적 지워지기 바라는
아쉬움보다 흔적 치유기

흩날리는 추억에 꼬리를 잡고
내려앉은 발자국에 숨어
응집된 눈 기다려 본다
떠나버린 추억은 흔적이 있고

달리기하며 내린 눈
추억 위에 앉으려 한다
기대 보는 상처 그대에 허락한다
치밀한 허락은 냉정함에 돌아서
가슴에 뽀드득 남겨두리

-「흔적」전문

나무는
다리가 없어도
눈이 없어도
걷는 데 걸림돌이 없다

사람은 걷지 못한다
다리가 있어도
눈이 있어도 걷지 못한다

나무는 조금씩 조금씩
하늘을 걸어 올라가고 있다
하늘을 산책하고 손을 흔들며
책갈피 전해 준다

하늘을 걷다 힘들면
CO_2 * 마시고 피톤치드 선물
따라갈 수 없는 베푸는 마음

그대를 우러러볼 수밖에

*이산화 탄소

-「하늘을 걷는다」전문

   시인의 사색에서 진한 감동이 밀려온다. 『흔적』『하늘을 걷는다』 등에서 풍유법이나 활유법으로 영감을 얻어 묘사하고 있음을 보여주고 있다. 시

윤기영

인의 성찰은 어디에서 멈출까 질문은 그 열정에 있다고 봐야 한다. 지금 시인이 추구하고 지향하는 시 방향을 다시 진지하게 논의할 시간이다.

『느낌 대로 보자』 "남아 있는 생각 버리자/채우고 남는 공간은 남겨두고/욕심 없이 바라보고 생각 의미 덜고/화자 마음 읽고 뒤란으로 숨은 그림자/울퉁불퉁 그림자 읽지 말자/욕심 그림자 성형되어 예쁜 아내로 변신한다" 1단락에서는 마음을 비우고 아내의 역할을 충실히 하고 있음을 타협하고 있다. 어쩌면 마음 비우기까지는 많은 시간이 필요했는지도 모른다. 내 한몫을 부담 없이 감당하고 있다는 것을 예시하고 있다.

"딱정벌레 냄새 보지 말고/위대한 등껍질 숨겨진 날개 보자/화려함에 숨어든 검은 채색 명화를 초월한 붓칠/남북으로 갈라진 반쪽 지구 본" 2단락에서도 내 마음을 스스로 통제하고 있음을 예시하고 있다. 화려한 색채 속에 그려진 세월의 흔적과 화해하고 있는지도 모른다.

"입맛에 환호 말고/널브러진 재료 마약 없는 바닥으로 음미하자/벌레와 나눈 열매 반쪽 재료 모자라도/정성 담은 화자 맛 끈기를 더해준다" 3단락에서

화려한 양념은 아니지만, 마음으로 느끼며 음미하자는 시인의 마음이 양식이 되어가고 있다.

"작은 눈으로 보고 크게 생각하는 이성을 찾자/명성에 따라 넘기는 기(氣)는 혼돈만 가져올 뿐/초롱눈 이순(耳順)의 느낌으로 희석하자/자연에 감동하는 입으로 확인하고/화자 없는 글 지식창고 채워 넣자" 4단락에서도 삶을 통해 얻어지는 지식의 중요함을 말하고 있다. 인생은 어쩌면 지식창고를 통해 삶의 질이 높아지고 내 마음을 독자와 소통해 줌으로 새로운 발전이라 생각한다.

"글 내용 읽어가면 화자는 생성되고/글맛에 중독되면 단골손님 찾아든다/글 쓰는 요리사 눈 감아도 맛을 낸다" 5단락에서도 내 삶에 충실하고 있음을 말해 줌으로 시인이 가지고 있는 성품이 그대로 드러나 있다.

　시인의 감성은 여러 경로를 통해 얻어지는 성찰이다. 계절을 되묻는 자연의 이치에는 시인의 애잔한 향수의 삶에서 끌어낸 오감이다.

『가을은』『정원수(庭園樹)』『흑과 백』『은비령』『흔적』『하늘을 걷는다』『느낌 대로 보자』 등에서 시인의 투철한 시 정신세계다. 시인은 시를 통해 보상받고 있는지도 모른다. 말하자면 시를 통해 섭리에 순응하는 자세로 이미지를 표상하여 목소리를 높이는 일에 적극적으로 보여주고 있다. 시에서 보여주는 시상은 자기중심의 존재론에 천명하고 있음을 일괄하고 있다. 시에서 끊임없이 대두되고 있는 인간 존재에 대한 질문들이다.

윤기영

4. 자아 인식의 표상

시의 대상과 인식에서 이미지의 형상화에 집중하고 있음을 엿볼 수 있다. 시인이 선택한 소재들은 충실한 감성과 순수한 감각에 의해 대상의 지배적 파악하고 표상하려는 작업이 진행되고 있음을 시에서 보여주고 있다.

우리는 여기서 시인의 심장에 멈추어 보기로 한다 '김용택' 시인의 시에는 시골 풍경과 가족 그리고 아이들이 등장한다. 그 이유는 풍요로운 삶의 이치를 말하고 있는지도 모른다. 또한 '정호승' 시인의 수선화처럼 국민으로 사랑받는 시들의 주류는 사랑하는 사람을 비유로 등장하게 하는 시들이 많은 사랑을 받았다. 그렇듯 전문구 시인의 시도 독자로부터 사랑받는 시인이 되어주길 바란다.

전문구 시인의 『저 꽃잎』은 독자와 소통하는 시집이 되었으면 한다. 잠시 기다려지는 시의 전개를 만나 보자.

입맛 없다 건너뛴 쌀
아침상에 봉긋한 주발
수저가 바쁘게 왕래한다
손도 스치지 않던 남의 살
잔디와 함께 걷고 있다

엄마 보러 가는 날
흥분한 황소 여물에 콧소리
몸 흔들림 곡선이 마음을 솎아낸다

눈감고도 알 수 있는 감
까치밥이 외로워 보이는 건
늦가을 문주방* 넘기 서러움

엄마의 외로움
문주방 넘기 전 달래보려
춤추는 낙엽 속 끼어든다
꼭 잡고 놓지 않으려는
아내의 잠긴 손

*문지방의 사투리(강원, 경남)

―「아내의 엄마 사랑」 전문)

무신론자
내가 믿는 건 아버지
삶을 알고
사랑을 가르쳐준 아버지
배움이 짧아
몸으로 실천한 아버지
대화에 끝도 시작도 없지만
알 수 있는 대화
아버지의 마음속 기도가
고스란히 전해오는 울림이 있다

허리가 굽어진 이유도
기억이 사라지는 이유도
노파심이 많아진 이유도
가쁜 숨에 가다 쉬는 이유도
모두 자식에게 넘겨준 이유
난

윤기영

아버지의 기도만 알아듣는다
아버지의 기도는 몸으로 하기 때문
-「아버지의 기도」 전문)

전문구 시인은 시를 통해 가족에 대한 성찰이 돋보이고 있다. 자신의 의무와 책임감이 시에서 긴 침묵을 깨고 다양한 감성으로 보여주고 있다.

『아내의 엄마 사랑』에서 보여주듯이 눈감아도 알 수 있다와 '늦가을 문주방 넘기 서러움'에 그려지는 시는 아린 부문이 있다. 애써 말하고 싶지만 비유해서 하고 싶은 말을 함축해 더욱 애절하게 한다. '아내의 잠긴 손'은 아마도 눈물이었을 것 같다. 그렇듯 시에서 보여주는 삶의 언저리에는 숨을 몰아쉬는 마디의 소리가 함께하고 있음을 보여준다.

『아버지의 기도』에는 많은 가르침이 그대로 들어나 있다. 인연의 굴레에는 그 무언의 세계가 있듯 보이지는 않지만 텔레파시처럼 마음에서 오는 언어 등이 있다. 시인은 아버지로부터 서로 교감을 나누며 그 이유를 묻지도 않는다 그런 과정이 익숙해져 있기 때문이다.

『아내의 엄마 사랑』『아버지의 기도』를 통해 승화되어 가는 과정을 지켜보고 있다. 전문구 시인의 시는 계절의 이치에서 오는 오감과 가정의 사랑이 그대로 보여주는 순수한 서정시이다. 시인의 진솔한 마음을 형상화하고 있음을 말하고 있다. 그래서 인간미가 시에서 나타나 있으며 순환의 시간성이 주목을 흡인하고 있다.

 이제 전문구 시인의 시집 읽기를 마무리할 때가 된 것 같다. 시인의 시는 직관적 눈으로 사물을 투시하고 시의 인식을 공식화하고 있다. 시인은 감성에서 주는 심미안 안에 펼쳐지는 오감은 순수함에서 주는 진리와 결실을 맺으려 하는 메시지가 승화되어 가는 과정에 인간사의 변주곡이 되어 간다. 시인은 이러한 과정을 통해 발전하는 언어에 대한 성찰로 새로운 관점에서 창조하는 시법을 인식하게 된다.

 전문구 시인의 시는 심리적 거리에서 사물의 대상과 일치된 모습을 엿보게 한다. 시의 이미지 발견은 지성과 감각이 항상 동행한다는 뜻이기도 하다. 시인의 통찰력을 기대해도 될 것 같다. 시상 속에 그려내는 언어는 남다른 통찰력이 돋보인다. 자연을 사랑하는 순례자로 발돋움하는 시인이다. 시의 감성 속의 풍자는 내면에 잠재한 진실을 분사하는 서정적 시 정신을 발양하고 있는 시인의 정신을 높이 평가한다. 최선을 다하는 시인이 되길 바란다. 시집 출간을 축하한다.

윤기영

창작동네 시인선 147

저 꽃잎

인　쇄 : 초판인쇄 2022년 6월 20일
지은이 : 전문구
펴낸이 : 윤기영
편집장 : 정설연
디자인 : 정설연
펴낸곳 : 노트북 출판사_ 등록 : 제 305-2012-000048호
본　사 : 서울시 동대문구 사가정로 256-4호 나동B101
전　화 : 070-8887-8233 팩시밀리 02-844-5756 HP : 010-8263-8233
이메일 : hdpoem55@hanmail.net
판　형 : 신한국판형 P144_130-210_P144

2022. 6_저 꽃잎_전문구_두 번째 시집

정 가 : 10.000원

ISBN : 979-11-88856-47-3-03810

*저자와의 협의로 인지는 생략합니다.
*잘못된 책은 교환해 드립니다.